Dans la même collection :

1. **Un été avec les copains**
2. **Sophie au royaume des fées**
3. **Lucile et Julien font du camping**
4. **Notre petit chien Titou**
5. **Des jumeaux magiques**
6. **Tiredelle l'hirondelle**
7. **Vacances à la ferme**
8. **Myriam, Cerise et leurs amis**
9. **Filou, le petit cheval de course**
10. **L'anniversaire de Stéphanie**
11. **Le trésor de la tour du lac**
12. **Lucile et Julien en Italie**
13. **Laura et un bien curieux Père Noël**
14. **Le trésor des Pieds Palmés**
15. **Frédéric et Douki, chien loup**
16. **Céline et la poupée cassée**
17. **David et l'Amiral Afondekal**
18. **Tao, le panda de Zing Huan**
19. **Les aventures de Toto l'escargot**
20. **La Princesse des étoiles**
21. **Le petit robot venu d'ailleurs**
22. **Le petit chat sans ombre**

Le petit chat sans ombre

Une histoire de
Chantal REVARDEL
Illustrée par
Christophe CARMONA

Editions S.A.E.P.

Chapitre I

PÊCHE INTERDITE !

Le jour vient de se lever, la famille chat commence à s'agiter dans le grand panier d'osier.
Grisette, malgré son nom, est une belle chatte blanche, seules ses taches grises lui ont valu d'être nommée ainsi ; elle a trois cha-

tons espiègles et remuants. Mais, les voilà qui s'éveillent.
Il y a d'abord les deux garçons, Grisou et Titou ; le premier a deux taches grises sur sa frimousse, ce qui lui donne un petit air amusant et taquin, l'autre est blanc comme la neige.
Leur petite sœur s'appelle Missy, elle aussi est toute blanche, sauf

qu'une tache en croissant de lune est posée sur son front. Elle s'éveille à son tour, s'étire et se frotte contre sa maman qui commence aussitôt à la débarbouiller.
On dirait bien que Missy est la petite préférée, peut-être est-ce parce qu'elle semble être plus sage que ses deux frères.
- Maman, dit-elle, j'ai bien dormi et j'ai rêvé que je jouais dans le jardin avec les fleurs et les papillons.
- Si vous êtes sages, déclare Grisette, nous irons au jardin après la sieste ; mais à présent faites votre toilette, ensuite nous irons déjeuner.
La toilette terminée, les trois chatons se précipitent dans la cuisine où ils se frottent contre les jambes de leur maîtresse avant de se jeter comme des affamés sur leur écuel-

le. Bientôt, on n'entend plus que le "clap-clap" des langues qui lapent le lait tiède.

A peine ont-ils terminé qu'ils se mettent à chahuter, mais Grisette les rappelle à l'ordre :

- Comptez-vous rester le museau plein de lait ? Allez faire votre toilette, vous jouerez après.

Dès qu'ils ont terminé, Grisette leur donne la permission d'aller jouer.

- Surtout, ne montez pas sur les meubles, et soyez gentils, ne vous battez pas.

- Oui maman, répondent-ils ensemble.

- Si vous êtes bien sages, cet après-midi après la sieste, nous irons au jardin comme promis.

Elle se dirige vers le salon, puis monte sur le rebord de la fenêtre ; mais au bout de quelques minutes,

elle revient vers le salon, inquiète de ne plus entendre les petits. Elle est à peine entrée dans la pièce qu'elle voit, horrifiée, Titou et Grisou grimpés sur le guéridon, prêts à faire basculer le bocal de poissons rouges, dans lequel ils plongent à tour de rôle leurs petites pattes afin d'essayer de pêcher ces drôles de bestioles.

- Voilà maman, chuchote Missy, restée en bas.
Trop tard, Grisette les a vus.
- Voulez-vous descendre immédiatement, vilains garnements, allez tout de suite vous coucher, puisque vous avez désobéi, il n'y aura pas de sortie au jardin aujourd'hui.
- Maman, s'il te plaît, ne nous punis pas, nous ne recommencerons plus, pleurnichent les deux petits chatons.
- Moi, je n'ai rien fait, déclare Missy toute fière.
- Oui, c'est très bien, tu es très sage. Allez maintenant vite vous coucher.
Ils dorment déjà depuis un bon moment quand un bruit assourdissant les réveille en sursaut.
- N'ayez pas peur les enfants, les rassure Grisette, c'est un orage ;

écoutez comme la pluie tape fort sur les carreaux. Recouchons-nous et laissons-nous bercer par le bruit de la pluie.
La petite famille se rendort.

Chapitre II

DE DÉCOUVERTE EN DÉCOUVERTES

- Oh, j'ai bien dormi, dit Titou en s'étirant. Pardon maman, je ne ferai plus de bêtises ; es-tu encore fâchée ?
- Mais non, tu es pardonné, mais ne recommence plus.

Le lendemain, en voyant le soleil briller, Missy se dit que le grand jour doit être arrivé, à moins que ses frères ne fassent encore une bêtise.
Mais eux aussi sont très attirés par le jardin et sont très sages jusqu'au moment où Grisette leur annonce :
- Nous sortons, soyez bien sages dehors et ne mangez pas n'impor-

te quoi ; nous allons sortir par la chatière ; poussez avec votre nez et la petite porte s'ouvrira. Allez, suivez-moi.

Dehors Grisou marche en faisant de grands bonds en l'air à chaque pas.

- Je ne peux pas marcher, quelqu'un me chatouille sous les pattes.

Grisette le regarde, amusée :

- Relève-toi maintenant, cesse de faire le pitre, c'est l'herbe qui te chatouille, il faudra t'y habituer ; essaye donc de marcher sur le petit chemin de graviers, tu me diras ensuite ce que tu préfères.

Grisou court vers le chemin, mais dès qu'il y a posé ses quatre pattes, il s'arrête, pétrifié.

- Maman, le chemin me fait mal aux pattes, viens me chercher, je préfère que l'herbe me chatouille.

Grisette le ramène par la peau du cou et le dépose tout penaud devant son frère et sa sœur, qui le regardent d'un petit air gentiment moqueur.
- Il faudra vous habituer à marcher partout, vos pattes s'endurciront bientôt.
Dans l'herbe, maintenant, tout va mieux, c'est doux, et quelle bonne odeur, on en mangerait ! Mais maman a interdit de manger tout ce qui se trouve dehors.
Grisette répond patiemment aux mille questions des enfants :
- Pourquoi les oiseaux sont-ils dans le ciel ?
- Pourquoi le soleil fait-il mal aux yeux ?
- Pourquoi les abeilles font-elles une petite visite à chaque fleur ?
- Pourquoi quelqu'un me souffle-t-il sur le dos ? demande Grisou

en se retournant, tout hérissé de colère.

- C'est le vent, et tu ne l'impressionnes pas tu sais, il est bien plus fort que toi, répond sa maman.

- Maman, demande Missy, je n'ai pas vu le vent quand il a soufflé sur Grisou, où est-il caché ?

- Le vent est invisible les enfants, jamais vous ne pourrez le voir.

Ils sont tous les trois tellement étonnés par cette réponse, qu'ils restent cloués sur place, les yeux grands ouverts.
- J'ai peur, pleurniche Missy, je veux rentrer, le vent veut me manger, regarde il est sur mon dos ; et elle se met à courir dans tous les sens pour essayer de se débarrasser de cette chose invisible.
Grisette la rattrape et essaye de la calmer en lui racontant une petite histoire :
- Tu sais, le vent est malheureux, car personne ne veux jouer avec lui, on l'entend quelquefois pleurer dans les arbres. S'il te touche le dos c'est pour t'inviter à jouer avec lui et il a très envie de faire la course avec toi.
Missy est maintenant rassurée et commence à courir, elle sent le vent qui lui souffle sur les oreilles ; elle

s'arrête et repart dans l'autre sens, il la poursuit, elle le sent sur son dos. La peur est maintenant oubliée et elle s'amuse comme une petite folle.

Un papillon vole et se pose de fleur en fleur, Missy, en trois bonds, se retrouve près de Grisette et lui dit :

- Maman viens vite voir, tu ne vas pas me croire, mais j'ai vu une fleur volante, regarde, elle est là, posée sur une autre fleur !

- Mais non nigaude, c'est un papillon, ce n'est pas une fleur, oh regarde, il s'est posé sur la tête de Grisou.

D'un bond, Titou qui l'a vu aussi, se jette sur son frère, le faisant tomber dans l'herbe pour essayer d'attraper le papillon. Missy se précipite aussi, voulant participer à la bagarre.

Grisette les regarde attendrie, elle est fière d'avoir de si beaux enfants.
Tiens, un bruit ! Elle se retourne et voit Mina, sa sœur, qui se dirige vers elle ; elle a fière allure avec sa robe blanche et le bout de ses quatre pattes botté de gris. Grisette aime bien la taquiner à ce sujet et lui dit souvent :

- Ne peux-tu, comme tous les chats, marcher nu-pattes, au lieu de mettre des bottes ?
Maintenant les enfants sont fatigués, il faut songer à rentrer. Chacun s'éloigne de son côté, mais tout à coup Grisette se fige, quelque chose n'est pas normal en ce qui concerne Missy.
Elle la détaille, tourne autour d'elle, mais oui, c'est bien cela, elle n'a pas d'ombre ; elle ne l'avait pas remarqué cet après-midi, maintenant que le soleil va se coucher les ombres sont très longues et la différence avec ses frères est frappante.
Elle veut rappeler Mina, mais elle est déjà partie.
Missy est sûrement malade, elle lui demande :
- Comment te sens-tu ? As-tu mal quelque part ?

- Je suis très fatiguée d'avoir joué avec le vent. J'ai aussi sommeil et surtout très faim.
Inquiète, Grisette fait rentrer les enfants, se promettant d'en parler à Mina dès le lendemain.

Chapitre III

UNE ÉTRANGE MALADIE...

Dès le petit jour, s'assurant que les enfants dorment encore, elle sort dans le jardin et appelle sa sœur, espérant la trouver dans les parages.
N'obtenant aucune réponse, elle décide d'aller demander à Grognon, le chien des voisins, s'il n'a pas vu Mina.

- Bonjour Grognon, excuse-moi de te réveiller, mais j'ai quelque chose de très important à te demander.
- Bonjour Grisette, tu ne me réveilles pas, ment-il, les yeux encore pleins de sommeil.
Il a un peu honte de sa paresse et préfère inventer un petit mensonge :
- Je me reposais, car j'ai un peu mal à la gorge, je crois que j'ai trop aboyé après les passants, hier.
- Tu n'as pas perdu ton habitude de crier après tout le monde ; tu portes bien ton nom.
- C'est une vieille manie, mais tu sais bien que je suis plus râleur que méchant. Mais pourquoi es-tu si matinale ?
- Je cherche Mina, car j'ai un grave problème à résoudre, je pense qu'elle peut m'aider.

- Tu n'es pas malade au moins, s'inquiète Grognon.
- Ce n'est pas pour moi que je m'inquiète mais pour Missy, elle est très malade.
- Mais je l'ai vue encore hier courir comme une folle partout, elle avait l'air en pleine forme.
- Oui, effectivement elle est en forme, elle mange et dort très bien. Vois-tu Grognon, ce qui lui arrive n'est pas courant et je ne connais pas le nom de cette maladie.
- De quoi souffre-t-elle au juste ?
- Elle n'a pas d'ombre !
- Comment ça, elle n'a pas d'ombre ? Que veux-tu dire ?
- Eh bien, lorsqu'elle est au soleil, elle n'a pas d'ombre au sol.
- C'est très bizarre ! Oh, voilà Mina.
A peine est-elle arrivée à leur hauteur, que Grisette lui raconte toute son histoire.

- Hum, bizarre cette histoire, mais peut-être t'inquiètes-tu pour rien. Après une nuit de repos Missy est sûrement rétablie. Allons voir.
- Je viens aussi, déclare Grognon.
- Non, répond Grisette, les enfants ne te connaissent pas et tu vas leur faire peur avec ta grosse voix.
Vexé, Grognon retourne dans sa niche.
- Tu lui as fait de la peine constate Mina, il voulait nous aider.

Grisette ne répond pas et se dirige vers la maison. Les petits viennent juste de se réveiller et l'attendent gentiment dans le panier. Sous le prétexte de raccompagner sa sœur, elle fait sortir les enfants ; dès qu'ils sont dans le jardin, les deux sœurs constatent, hélas, que Missy est toujours privée de son ombre.

- Tu vois, dit Grisette, je te l'avais bien dit.

- Tu devrais aller voir notre grand-mère, elle connaît beaucoup de choses, elle pourra sûrement t'aider.

- Mais oui, comment n'y ai-je pas songé avant, à son âge, elle a beaucoup d'expérience et connaît sûrement un remède. Ecoute, Mina, rends-moi service, garde les petits, je pars tout de suite voir grand-mère. Elle dit au revoir à ses enfants, leur recommandant de bien obéir à Tante Mina, puis elle s'éloigne.

Chapitre IV

VISITE À GRAND-MÈRE

Grisette marche longtemps, d'abord à travers bois, puis à travers champs, qu'elle traverse ventre à terre, car elle a très peur des vaches qui pourtant paissent bien tranquillement.
Enfin, elle arrive à l'entrée du village où habite sa grand-mère. En

entrant dans la cour de la ferme où elle vit, elle l'aperçoit devant le massif de rosiers.

- Mais c'est ma petite Grisette, il me semblait bien t'avoir reconnue au loin. Tu vois, à mon âge j'ai encore de bons yeux. Je suis heureuse de te voir. Comment vas-tu ? Et comment vont les petits, je suis impatiente de les connaître.

- Bonjour Grand-mère, je suis épuisée, la route est très longue pour venir te voir. Je vais bien, Titou et Grisou vont bien également ; c'est ma pauvre Missy qui m'inquiète.

Et Grisette, s'installant dans l'herbe à côté de sa grand-mère, commence son récit. Lorsqu'elle a terminé, sa grand-mère lui demande :

- Depuis quand est-elle ainsi ?

- Je ne l'ai remarqué qu'hier, c'était leur première sortie.

- Oui, bien sûr, je comprends.
- Alors, Grand-mère, tu sais ce qu'il faut faire ?
- Hélas, ma pauvre petite, je crains que tu n'aies fait la route pour rien. Je ne sais pas de quoi souffre ta fille, je peux si tu veux me renseigner autour de moi. Tu sais, à mon avis ce n'est pas très grave puisqu'elle n'a pas l'air d'en souffrir.
Déçue, Grisette reprend le chemin du retour, après avoir déjeuné avec sa grand-mère.

Chapitre V

L'ENQUÊTE PIÉTINE

Elle est presque arrivée, lorsqu'elle rencontre Pic-Pic, le hérisson.
- Tiens, bonjour Grisette, mais où cours-tu comme cela ?
- Bonjour Pic-Pic, je viens d'aller voir ma grand-mère pour lui demander un conseil très important.

- J'espère que ce n'est rien de grave, s'inquiète Pic-Pic devant la mine sombre de Grisette.
- Oh si, soupire-t-elle, c'est à cause de Missy.
Et elle raconte à nouveau ses malheurs.
- Tu sais, c'est embêtant, mais rassure-toi, ce n'est pas grave, les ombres ne servent pas à grand-chose.
- Oui, je sais bien, mais ce n'est pas normal, je dois trouver une solution, mais je ne sais pas à qui m'adresser.
- Ecoute, lui propose le hérisson, je vais interroger tout le monde autour de moi. A nous tous, nous trouverons bien une solution. Je pars tout de suite aux nouvelles.
- Merci Pic-Pic, tu es très gentil, répond Grisette un peu rassurée de savoir que tous les animaux

vont l'aider. Cela lui redonne un peu de courage.
A la maison, un concert de petites voix impatientes l'accueillent :
- Maman, pourquoi as-tu été si longue ?
- Nous as-tu ramené quelque chose ?
- Où étais-tu ?

Mina intervient alors pour ramener un peu de calme :

- Taisez-vous les enfants, votre maman est fatiguée.

- Laisse-les Mina, ils sont simplement contents de me retrouver. Alors mes bébés, vous avez été bien sages avec Tante Mina ?

- Oui, oui, nous avons joué à cache-cache.

Grisette demande à sa sœur de la suivre dans le jardin afin de lui faire part des péripéties de sa journée, sans inquiéter les enfants.

- Tu sais, Pic-Pic a eu une bonne idée, quelqu'un saura forcément quelque chose.

- Oui, mais il faut encore attendre, malheureusement.

- Ne t'inquiète donc pas, ta fille n'est pas malade, je l'ai bien observée aujourd'hui, elle est pleine de vie. Je dois rentrer maintenant, bonsoir Grisette.

- Bonne nuit Mina, à demain.

Chapitre VI

PIC-PIC A UNE IDÉE

Au petit matin, Grisette entend des appels qui viennent du jardin. Doucement, elle se lève, sans réveiller les enfants, et sort.
- Bonjour Grisette, salue Pic-Pic ; je crois que j'ai la solution à ton problème ; nous en avons parlé

hier soir avec mes amis, et nous avons eu une idée. Nous pensons que l'ombre de Missy s'est décrochée hier lorsqu'elle courait, et elle a du tomber par le soupirail de la cave.

- Allons voir, tu as peut-être raison.

Grisette a repris un peu d'espoir, elle ne demande qu'à croire à l'idée du hérisson, et lui dit :

- Attends-moi ici, je vais aller voir toute seule car c'est un peu haut pour toi.

Grisette saute alors par le soupirail. Tout d'abord elle ne voit rien, elle doit attendre que ses yeux s'habituent à l'obscurité. Elle commence maintenant à distinguer les objets, et entame ses recherches, faisant tomber au passage quelques bouteilles vides. Elle ne laisse aucun coin inexploré, et retourne chaque boîte, chaque objet, mais hélas elle doit se rendre à l'évidence, à part la poussière, tout est vide. L'ombre de Missy n'est pas ici. Elle ressort rejoindre Pic-Pic, couverte de poussières et de toiles d'araignées. Pauvre Grisette, comme elle a l'air triste.

- Alors, demande Pic-Pic, tu l'as trouvée ?

- Hélas non, j'ai tout fouillé, elle n'est pas là.

- Tu as bien regardé, elle a pu se glisser dans un petit coin.

- Je t'assure, il n'y a rien nulle part. Merci quand même Pic-Pic, il ne faut négliger aucune piste.

Alors que le hérisson s'éloigne, Grisette passe dans la haie, afin de se débarrasser des poussières qui lui collent après. Les branches basses agissent comme les poils d'une brosse, et elle ressort bientôt toute

propre ; maintenant elle peut rentrer à la maison.
Tout à l'heure, lorsque les enfants auront mangé, elle ira voir Grognon, car il doit toujours faire la tête.
Un peu plus tard lorsqu'ils sont au jardin, Grisette recommande aux enfants :
- Si vous voyez des animaux que vous ne connaissez pas entrer dans

le jardin, n'ayez pas peur, ils sont tous très gentils et viennent pour me parler. Poursuivez vos jeux, mais n'oubliez pas de dire bonjour.
- Oui, oui, maman, répondent-ils tous ensemble.
Grisette s'installe sur le banc de pierre au fond du jardin, près de la grille d'entrée. Elle attend les visiteurs tout en surveillant les enfants qui, pour l'instant, jouent gentiment.
Tiens, voilà la taupe qui arrive toute essoufflée ; elle s'arrête, plisse les yeux, car elle est un peu myope, et cherche Grisette.
- Grisette, Grisette. Ah te voilà, bonjour, je viens te voir car je pensais que l'ombre de ta fille était tombée dans mes galeries par une des entrées que j'ai creusées dans la pelouse à l'endroit où les enfants jouaient hier. J'ai tout fouillé, j'ai

parcouru tous mes tunnels dans tous les sens, j'ai vraiment tout remué, malheureusement je n'ai rien trouvé, je suis désolée.
- Je te remercie, mais je me demande si cette ombre ne se serait pas plutôt envolée, car hier il y avait beaucoup de vent ; il faudrait demander au corbeau d'aller voir dans ces grands arbres.
- Je pense que cela a été fait, car Pic-Pic a alerté tout le monde, même les oiseaux et tous les arbres du voisinage ont du être visités. Bon, je te laisse, j'ai encore toutes les haies, là-bas, à fouiller.

Chapitre VII

LES RECHERCHES VONT BON TRAIN

Grisette monte sur le mur et voit partout autour du jardin les animaux qui cherchent, ils sont tous là, du plus petit au plus grand. Ils cherchent à terre, soulèvent les pierres, regardent sous les plantes, dans chaque petit trou, et dans tous les endroits. Les oiseaux participent aussi, regardant dans les arbres, rien n'est laissé de côté. Mais hélas l'ombre est toujours introuvable.

Voilà Grognon qui arrive, il doit avoir fini de bouder.

- Bonjour Grognon, tu as trouvé quelque chose ?
- Je crois que j'ai une piste.
- Ah, répond Grisette en sautant lestement à terre pour rejoindre Grognon. Tu as trouvé l'ombre de Missy ?
- Non, mais écoute plutôt ceci : figure-toi qu'hier j'ai entendu des gamins qui disaient quelque chose à propos d'ombres. Je les ai suivis, mais malheureusement, ils m'ont chassé, car je crois qu'ils avaient peur de moi.
- Tu vois, gronde Grisette, si tu étais moins bougon, tu fais peur à

tout le monde, nous voilà bien avancés, maintenant. Si ces enfants ont trouvé l'ombre de Missy et qu'ils jouent avec, je n'ose même pas y penser.
- Demain, je demanderai à Bonbon le caniche de suivre ces enfants, lui au moins n'est pas malgracieux !

- Ne te fâche pas, et ne crie pas si fort, tu vas encore avoir mal à la gorge.
Grognon s'éloigne, tandis qu'un gros oiseau se pose à côté de Grisette : c'est Réglisse, le corbeau.
- Bonjour Grisette, j'ai exploré tous les arbres aux alentours, je n'ai absolument rien trouvé. As-tu du nouveau de ton côté ?
- Hélas non !
Ils sont bientôt rejoints par Roucrou le pigeon :
- Bonjour vous deux, ouf, quelle journée. Je n'ai pas arrêté une seconde. Je suis allé voir le vieux hibou de la montagne, il est très savant ; il désire voir Missy demain. Il a déjà guéri des cas très graves et il pourra sûrement faire quelque chose pour ta fille.
- Nous irons demain, Mina gardera les petits, ils sont tellement tur-

bulents que je ne peux pas les laisser seuls.
Les deux oiseaux repartent maintenant très vite, car le soleil se couche et ils n'aiment pas du tout voler dans la pénombre.

Chapitre VIII

CONSULTATION CHEZ LE PÈRE HIBOU

En rentrant, Grisette décide d'apprendre aux enfants ce qui arrive à Missy. Ils écoutent bien sagement leur maman expliquer les problèmes que celle-ci essaye de résoudre, avec l'aide de tous les animaux des alentours.

Missy, pourtant concernée, ne sait pas quoi dire, elle ne comprend pas très bien à quoi peut servir une ombre et pour l'instant cela ne l'a guère gênée.

- Est-ce loin, la maison du père Hibou, demande-t-elle ?

- Oui, assez, pour tes petites pattes, mais si nous partons de bonne heure, nous profiterons du camion du laitier ; nous pourrons y monter

lorsqu'il s'arrêtera à la ferme voisine pour prendre les bidons de lait.

- Pouvons-nous venir aussi, demande Titou ?

- Non, vous resterez avec Mina.

Le lendemain, dès que Mina est arrivée, Grisette et Missy se mettent en route et vont attendre au bout du chemin le camion du laitier.

A peine est-il arrivé, qu'elles sautent à l'intérieur et se cachent au fond dans un carton rempli de chiffons.

Le camion repart, et Grisette de temps en temps se lève pour surveiller la route ; il ne faut pas dépasser l'endroit où elles doivent descendre.

- Viens, Missy, prépare-toi, nous sommes presque arrivées.

Et hop, elles sautent en même temps du camion, au moment où il ralentit pour prendre un virage.

- Allons, en route, il faut encore faire un petit bout de chemin à pattes, déclare Grisette à Missy.
Elles arrivent bientôt à un village adossé à la montagne.
Grisette s'arrête à la première maison.
- Le père Hibou habite ici, dans ce grenier à foin. Il faut monter à l'échelle.
Grisette entre la première dans le grenier et appelle le hibou qui somnole dans un coin, perché sur une poutre.
- Bonjour, père Hibou, Roucrou m'a dit que tu voulais nous voir ; je suis Grisette et voici Missy, ma fille. Je me suis aperçue qu'elle n'avait pas d'ombre et j'espère que tu pourras la guérir.
- Ah oui, c'est vrai, j'avais oublié, tu sais je me fais vieux maintenant et je perds un peu la mémoire.

Et il s'étire avant de descendre près de Grisette et Missy.
- Allons, ma petite Minette, viens donc un peu par ici, que je t'examine.
Grisette pousse Missy, un peu impressionnée par ce grand oiseau aux yeux bizarres.
- Tu sais, j'ai vu beaucoup de malades et des choses très étranges dans ma vie ; j'ai soigné beaucoup de monde, mais j'avoue que ton problème dépasse mes connaissances. Je suis vraiment désolé.
- Tu veux dire que tu n'as pas de remède pour Missy, demande Grisette déçue ?
- Hélas oui, je n'ai jamais vu un cas comme celui-là ; je crains qu'elle soit obligée de rester ainsi. Mais rassure-toi, cela ne la gêne absolument pas, et ce n'est ni dangereux, ni contagieux.

Chapitre IX

ENFIN UNE PISTE !

Grisette après avoir remercié le hibou, repart avec Missy. Elle est un peu rassurée par ses paroles optimistes, mais elle est bien décidée à continuer ses recherches, et à trouver une belle ombre pour Missy. Pour le trajet du retour, elles attendent le car scolaire, cachées derrière un gros chêne. Dès qu'il arrive, les enfants se précipitent à l'inté-

rieur, suivis par Grisette et Missy, qui se dissimulent sous une banquette.
L'ambiance est très gaie avec ces enfants qui rient et chantent à tue-tête. Tout à coup, Grisette tend l'oreille, une petite fille déclare :
- Demain, je dois aller avec maman voir un beau spectacle d'ombres, elle m'a dit que c'était très intéressant.
- Moi aussi, je dois y aller avec mon grand frère, ajoute un petit garçon. Il paraît qu'il y aura au moins une centaine d'ombres différentes. Et celui qui les fait bouger s'appelle le Maître d'Ombres ; on dirait un nom de magicien.
Puis la conversation dévie sur un autre sujet, et les plaisanteries reprennent.
Grisette a l'air satisfaite. Elle se dit qu'elle tient là une bonne piste.

Ainsi, il existe un magicien qui a le toupet de voler les ombres pour les exhiber dans un spectacle. Elle est sûre que l'ombre de Missy est chez ce Maître d'Ombres.

- Terminus, annonce le chauffeur, la tirant ainsi de ses pensées.

Lorsque le dernier enfant est descendu, elles se dépêchent de descendre avant la fermeture des portes. Elles sont à deux pas de la maison, le voyage n'aura pas été

trop fatigant pour Missy, et quelle bonne nouvelle à annoncer à Mina ! Justement, elle attend devant la porte et dès qu'elle aperçoit sa sœur, vient à sa rencontre.

- Bonbon vient de passer, et il a de bonnes nouvelles...

Mais Grisette impatiente, l'interrompt, en lui racontant sa journée.

- Mais laisse-moi finir, Grisette, j'ai quelque chose d'important à t'annoncer ; Bonbon a trouvé par l'intermédiaire des enfants qu'il suivait, la trace d'un magicien qui détient des ombres, et les montre sur la scène d'un théâtre ambulant.

- Mais c'est justement ce que je voulais t'apprendre, réplique Grisette, étonnée de cette coïncidence.

- Je crois que nous avons de la chance, continue Mina. Cette piste est sûrement la bonne.

- Quand même, Mina, tu sais je n'en reviens pas. Quand je pense que c'est un voleur qui s'amuse à prendre les ombres pour les montrer sur une scène. C'est vraiment scandaleux ! Crois-tu que nous pourrons facilement récupérer l'ombre de Missy ?
- Mais qui te dit qu'il s'agit d'un voleur et qu'il a l'ombre de ta fille ?
- Enfin, Mina, que veux-tu de plus, il est évident qu'elle est en sa possession, sinon, dis-moi où pourrait-elle se trouver ?
- Je ne sais pas, mais enfin, ne te réjouis pas trop vite. Nous verrons bien demain. Avec Grognon et Bonbon, nous pourrions aller au village voir ce Maître d'Ombres et nous aviserons sur place. Qu'en penses-tu ?
- D'accord, tu as raison, allons d'abord le voir, après tout, il est peut-être innocent.

Chapitre X

LE PETIT THÉÂTRE

Le lendemain matin, elle attend dans le jardin l'arrivée de Mina, Grognon et Bonbon, qui arrivent ensemble accompagnés de Caline, la chatte de la ferme voisine, qui doit garder les chatons en l'absence de leur maman.

- Ne te tracasse pas Grisette, dit Caline, j'ai l'habitude avec les enfants, je fais la nounou à chaque fois que quelqu'un a des petits à faire garder.
Grisette rejoint donc ses compagnons qui l'attendent pour se mettre en route sans tarder. Le village n'est pas très loin, et ils y arrivent de bonne heure.
C'est le jour du marché et les commerçants commencent à installer leurs étalages de légumes et de fruits.
Les quatre amis se dirigent vers une estrade vide surmontée d'une toile rouge, située au milieu de la place du village. C'est à cet endroit que Bonbon, marchant en tête, s'arrête et leur déclare :
- C'est ici, j'ai reconnu l'endroit, les enfants sont venus ici acheter leurs billets.

Mina décide d'aller jeter un coup d'œil sous l'estrade. Un grand carton s'y trouve et elle commence juste à fouiller dedans lorsqu'elle entend des voix se dirigeant vers elle. Elle n'a que le temps de se cacher sous un sac de toile. Deux jeunes garçons s'approchent.

- Mon maître a fait de nouvelles ombres pour le spectacle d'aujourd'hui, ce sera encore mieux que d'habitude. Il y aura une histoire avec un petit chat. Mais justement le voilà qui arrive. Je te quitte, je dois tout mettre en place.

- Oui, vas-y vite, vous n'aurez pas trop de quatre mains pour avoir raison de toutes ces ombres.

Mina attend que la voie soit libre, et rejoint ses amis :

- Eh bien, j'en ai appris suffisamment pour penser que Grisette a raison.

Elle leur répète ce qu'elle a entendu.
- Je le savais, dit Grisette, et toi tu ne voulais pas me croire.
- J'ai une idée, intervient Grognon, les ombres doivent être dans la grande boîte qui se trouve sous l'estrade ; je vais me débrouiller pour dérober le chapeau du Maître d'Ombres, afin qu'il me pourchasse ;

pendant ce temps allez voir dans la caisse si vous trouvez l'ombre de Missy.

Et Grognon met son projet à exécution. Dès que l'homme se met à courir après le chien, les trois amis se précipitent dans la caisse et commencent à fouiller.

- Il n'y a que des morceaux de carton dans cette caisse, dit Mina.

- Oui, tiens regarde celui-là ressemble à une fleur.

- Et celui-ci à un oiseau.

- Cachons-nous, il revient.

- Attendons la fin du spectacle, dit Grisette, nous verrons bien où il cache les vraies ombres.

Et le spectacle d'ombres chinoises commence ; cachés derrière le rideau l'homme et son aide manipulent les morceaux de carton qui s'animent sous les yeux étonnés des quatre amis. Mina la première

se rend compte qu'ils se sont trompés.

- Regardez les ombres sont toutes des morceaux de carton que nous avions trouvés tout à l'heure. Tu vois, Grisette, il ne s'agit pas de vraies ombres, nous allons être obligés de reprendre les recherches.

Chapitre XI

UNE BONNE NOUVELLE

Lorsque Grisette arrive devant chez elle, Roucrou l'attend en lissant les plumes de ses ailes.

- Ah, te voilà, j'ai des nouvelles intéressantes, figure-toi que j'ai rencontré cet après-midi tout à fait par hasard, un vieux corbeau que je connais un peu, et sans trop y croire, je lui ai raconté tes malheurs ; il m'a révélé avoir travaillé dans sa jeunesse pour un vieux magicien appelé le Maître des Ombres.

- Ne te fatigue pas Roucrou, répond Grisette, il s'agit sûrement du magicien que nous avons vu aujourd'hui, ses ombres sont en carton.

- Oui, je sais, vous êtes allés voir au théâtre d'ombres chinoises, mais Popi le corbeau m'a affirmé qu'il ne s'agissait pas du même personnage. D'ailleurs, il passera te voir demain.

- Bonsoir, et merci pour ton aide, Roucrou.

Grisette est pressée de voir Popi le corbeau, elle a le pressentiment que sa visite sera très importante. Après avoir remercié Caline de son aide, elle entreprend de raconter sa journée aux enfants.

- Maman, demande Missy, si tu avais trouvé des ombres, pourquoi ne m'en as-tu pas ramenée une ?
- Mais je viens de le dire, il ne s'agissait que de morceaux de carton représentant des objets et des animaux.
- Moi, je ne comprends pas à quoi peuvent bien servir les ombres, dit Titou.

- Je ne sais pas, répond Grisette, peut-être servent-elles à connaître l'heure, plus il est tard, plus elles sont longues. D'ailleurs regardez dehors, les ombres des arbres sont si grandes qu'elles touchent la maison, cela veut dire : au lit !
Le lendemain, Popi arrive enfin dans un grand bruit d'ailes, et se pose un peu lourdement à côté de Grisette qui l'attendait au jardin.
- Bonjour, je suis Popi, je viens te voir à la demande de Roucrou, il pense que je peux résoudre ton problème, je le crois aussi.
- Roucrou m'a parlé d'un magicien chez qui tu avais travaillé.
- Oui, il s'appelle le Maître des Ombres, et c'est lui qui fabrique toutes les ombres des êtres vivants, des plantes et des choses.

Le cœur de Grisette bat très vite ; oui, elle en est sûre, c'est la bonne piste.
- Puis-je aller voir le Maître des Ombres avec Missy, car il doit pouvoir faire une ombre à ma fille si je le lui demande.
- Tu ne peux pas y aller comme cela car il a énormément de travail et je dois d'abord lui demander s'il peut t'accorder un entretien, mais ne m'attends pas avant demain, car c'est assez loin !
Sur ces paroles, il s'envole.

Chapitre XII

LA ROUTE EST LONGUE

Comme il l'avait promis, Popi est de retour dans la matinée du lendemain ; il apporte de bonnes nouvelles.

- Le Maître des Ombres veut bien te recevoir, il aimerait que tu viennes aujourd'hui, avec Missy, bien entendu. Tu dois te mettre en rou-

te dès maintenant si tu veux arriver ce soir, car la distance est très longue.
Popi lui explique alors le chemin pour se rendre à la caverne du Maître des Ombres, située à plusieurs heures de marche, puis il repart dans un grand bruit d'ailes.
Un peu plus tard, Caline arrive pour garder les chatons. Grisette et Missy peuvent donc partir maintenant, et le grand voyage commence.
- Maman, est-ce encore loin, demande Missy, je suis fatiguée.
- Nous avons fait environ la moitié de la route, nous allons nous reposer un peu dans ce champ, il y a de l'ombre sous cet arbre et tu pourras dormir un peu.
Et elles s'installent toutes les deux dans l'herbe épaisse, douillette comme un bon coussin. Missy est

si fatiguée qu'elle s'endort instantanément, d'un sommeil lourd et rêve qu'elle est entourée d'une sarabande d'ombres qui tournent autour d'elle à un rythme effréné.

- Non, non, crie-t-elle, et elle se réveille en sursaut.

- Que se passe-t-il, tu as mal, demande Grisette inquiète, une guêpe t'a-t-elle piquée ? Laisse-moi voir.

- Non, maman, je n'ai pas mal, mais j'ai fait un rêve horrible : il y avait plein d'ombres autour de moi et elles voulaient m'emporter chez le Maître des Ombres pour qu'il m'attache après elles toutes. J'ai eu très peur.

- Allons, remets-toi, ce n'est qu'un méchant cauchemar, maintenant il faut repartir, si nous voulons être arrivées avant la nuit.

Et la marche reprend, mais bientôt il commence à pleuvoir et elles doivent presser le pas pour se mettre à l'abri un moment sous les arbres d'un petit bois.

- Ce n'est qu'une averse, constate Grisette, elle sera vite passée, et nous pourrons bientôt repartir.

En effet, peu de temps après, le soleil revient, faisant briller les gouttes de pluie encore accrochées aux feuilles des arbres.

- En route, et ne marche pas dans les flaques d'eau, sinon tu seras toute sale.

Elles traversent à présent une forêt toute sombre, avec de grands arbres qui cachent le soleil. Missy a peur, elle n'aime pas les endroits sombres et se serre un peu contre sa maman pour marcher ; elle se retourne plusieurs fois et regarde derrière elle pour voir si personne ne les suit.

Enfin, voilà les derniers arbres, et on aperçoit au loin le toit d'une maison ; ce doit être le dernier village à traverser. Grisette fait presser le pas à Missy, car elles ne sont pas encore arrivées et le soleil est déjà bien bas dans le ciel : Popi a bien recommandé d'arriver avant la nuit.

- Allez Missy, dépêche-toi, il y a encore plusieurs champs à traver-

ser avant d'arriver à la caverne du Maître des Ombres.
- Regarde, Maman, comme le ciel est beau, on dirait qu'il est en feu !
- Oui, c'est très joli, mais regarde en marchant, il ne faut plus s'arrêter maintenant, sinon nous serons en retard.
Voyant que Missy marche de plus en plus péniblement, Grisette lui

demande si elle veut s'arrêter quelques secondes.

- Oh non, je peux marcher maman, il fait trop noir maintenant, j'ai peur, je préfère me dépêcher.

Elle court presque maintenant, la peur lui faisant oublier sa fatigue.

- Regarde, Missy, là-bas, ne vois-tu pas une grande tache noire, ce doit être l'entrée de la caverne du Maître des Ombres, allons-y.

Elles arrivent effectivement devant l'entrée d'une grotte, il fait très noir à l'intérieur, et on dirait bien qu'il n'y a personne.

- Je ne veux pas y entrer maman, j'ai trop peur, pleurniche Missy à bout de forces.

Grisette appelle sans entrer :

- Maître des Ombres, Maître des Ombres !

L'écho seul lui répond en répétant ses paroles : Maître des Ombres,

Ombres, Ombres, bre, bre... et les mots se perdent dans le fond de la grotte.

Grisette renouvelle son appel, plusieurs fois, mais il lui faut se rendre à l'évidence, il n'y a personne.

- Popi avait bien précisé qu'il fallait arriver avant la nuit, je comprends pourquoi maintenant, le Maître des Ombres est déjà à son travail, constate tristement Grisette.

N'entendant plus Missy, Grisette, inquiète, regarde autour d'elle, et la découvre au bout d'un moment profondément endormie à l'abri d'un petit buisson.

- Pauvre petite, pense-t-elle, elle est épuisée, je vais me reposer un peu avec elle, car maintenant que nous avons manqué le rendez-vous avec le Maître des Ombres, il faut reprendre des forces pour repartir.

Chapitre XIII

LE MAGICIEN DE LA NUIT

Malgré sa fatigue, elle ne peut trouver le sommeil, un bruit la dérange. Le vent apporte par moments un étrange cliquetis qui l'intrigue. Elle croit savoir de quoi il s'agit et réveille Missy.

- Entends-tu ce bruit dans le lointain, n'as-tu jamais entendu un bruit semblable à celui-ci ?
- Oh si, c'est le même bruit que fait la petite fille de la voisine lorsqu'elle découpe des photos dans les catalogues de sa maman.
- C'est bien ce qu'il me semblait, c'est un bruit de ciseaux !
Grisette se lève et attend que Missy soit bien réveillée pour se diriger vers le bruit.

- Maman, j'ai peur, il y a peut-être des bêtes qui rôdent et qui veulent me manger.
- Mais non, froussarde, il n'y a personne, allez, viens maintenant.
Elles marchent maintenant en direction du bruit qui s'amplifie à mesure qu'elles se rapprochent d'un gros rocher, éclairé par la lune. Le bruit vient de là, du haut de ce rocher, exactement. Elles en font le tour, et commencent à distinguer un étrange personnage assis au sommet du rocher. A côté de lui se trouvent deux gros corbeaux. Ce doit être le Maître des Ombres entouré de ses deux aides. Popi lui a dit qu'il employait des corbeaux pour son travail.
Un coup de sifflet déchire la nuit calme, et Missy pousse un cri et se hérisse instantanément. Quelle peur ! Aussitôt après le signal so-

nore les deux corbeaux s'envolent et s'élèvent très, très haut dans le ciel.
Grisette et Missy lèvent la tête et les voient monter presque aussi haut que les étoiles.
- Que font-ils ? demande Missy à sa mère.
- Je ne le sais pas plus que toi, mais regarde maintenant ce qu'ils font, c'est incroyable.
Et elles voient sous leurs yeux écarquillés d'étonnement, les deux oiseaux attraper dans leur bec le voile noir de la nuit comme s'il s'agissait d'une immense toile tendue dans le ciel. Ils en arrachent chacun un grand morceau et ils redescendent en piqué à une vitesse vertigineuse vers le Maître des Ombres qui s'empare de ces morceaux de nuit et commence à y tailler une silhouette de petit chien, puis dans

l'autre morceau, il découpe la forme d'un poulain.

Ce travail terminé, il prend son sifflet et redonne le signal de l'envol ; les deux corbeaux s'élancent à nouveau vers le toit du ciel.

Grisette profite de ce moment de repos du Maître des Ombres pour l'appeler :

- Maître des Ombres, je suis Grisette, c'est Popi qui m'envoie.

- Ah oui, il est venu me voir pour ton problème, mais, comme tu vois, je n'ai pas le temps et il me semblait avoir dit à Popi que je voulais te voir avant la nuit.
A peine a-t-il terminé sa phrase que les corbeaux reviennent vers lui avec de nouveaux morceaux de nuit, qu'il recommence à tailler.
Grisette et Missy le regardent, comme il va vite pour découper les ombres !
- Je me rappelle très bien ce qui s'est passé cette nuit-là ! Mais laisse-moi d'abord t'expliquer la façon de fabriquer les ombres.
Et il commence son récit à chaque fois entrecoupé des coups de sifflet, du retour des oiseaux et de la découpe délicate des ombres.
- D'abord, l'attribution des ombres se fait la nuit qui précède la naissance de chaque être vivant, qu'il

soit humain, animal ou végétal, et pour tous les objets celle qui précède leur fabrication.

- Mais comment faites-vous, demande Grisette étonnée, pour savoir qui va naître, et quelles choses vont être fabriquées ?

- Tu sais, je ne suis pas seul, il y a d'autres Maîtres des Ombres ; nous travaillons avec les oiseaux les plus rapides et les plus endurants. Ils parcourent tous les jours la région et me font un compte-rendu très détaillé en fin de journée de tous les bébés à naître et de toutes les choses dont la fabrication s'achève. Peut-être as-tu remarqué que je te parle et que je te comprends, c'est que j'ai quelques pouvoirs magiques, ajoute-t-il en faisant un coup d'œil à Missy.

- Je comprends tout cela, mais alors comment se fait-il que vous

ayez oublié l'ombre de Missy, la nuit de sa naissance ; ses deux frères nés quelques minutes avant elle, ont une belle ombre, tout à fait normale.

- Tu ne dois pas croire que j'ai oublié ta fille, ce n'est pas vrai, loin de là, mais cette nuit-là un de mes corbeaux est retombé trop vite du ciel et s'est cogné sur le rocher. Comme il était sérieusement blessé, j'ai du finir le travail avec un seul oiseau. Alors évidemment je n'ai pu faire tout le travail qui doit absolument être exécuté la nuit. Je venais juste de terminer l'ombre de tes fils lorsque la nuit a commencé à se dissiper et le morceau de nuit que je tenais entre les doigts pour réaliser l'ombre de Missy s'est évaporé. Voilà toute l'histoire !

- Pourquoi ne lui faites-vous pas une autre ombre cette nuit, vos deux corbeaux ont l'air de travailler très vite.

- Ma pauvre petite, c'est impossible !

- Mais pourquoi ? demande Missy qui n'avait rien dit jusqu'à présent.

- Mais parce que les ombres doivent être faites avant la naissance, maintenant il est trop tard.

- Vraiment ! Vous êtes bien sûr qu'il n'y a aucune autre solution ?

Le Maître des Ombres ne répond pas, il a l'air de réfléchir ; un long moment se passe avant qu'il ne dise à Grisette :

- Ecoute, il y aurait bien une solution, mais c'est très difficile à faire, tu vas être obligée de t'en occuper toi-même, car moi, malheureusement je n'ai pas le temps, c'est un travail qui demande de longues heures de préparation.

- Je suis d'accord pour le faire, dites-moi comment vous aider.

- Attention, je te répète, c'est très difficile, et tu devras avoir fini juste à temps. C'est ta seule chance, car cette façon de procéder ne peut être tentée qu'une seule fois. Si tu échoues il n'y aura pas d'autre solution, Missy restera sans ombre toute sa vie.

- Je vais m'appliquer et me dépêcher, répond Grisette.

- Je vais te dire au fur et à mesure comment tu devras procéder, comme cela tu ne pourras pas te tromper. D'abord tu vas aller à ce grand arbre là-bas et tu cueilleras au sommet la plus grande feuille que tu pourras trouver.

Chapitre XIV

QUE DE MAGIE POUR GRISETTE

Grisette part en courant, grimpe à l'arbre, aussi vite qu'elle peut et cherche la plus grande feuille, qu'elle cueille et ramène au Maître des Ombres.

- C'est bien, passe-la moi maintenant.

Et il découpe en trois coups de ciseaux la copie parfaite de Missy qu'il tend à Grisette.
- Maintenant va la tremper dans l'eau noire du lac et rapporte-la moi.
Grisette obéit au Maître des Ombres et lui ramène la feuille dégoulinante d'eau noire.
- A présent, monte avec la silhouette en feuille, tout en haut de cette colline que tu vois là-bas, pose la feuille dans un endroit éclairé par un rayon de lune. Lorsqu'elle sera bien sèche, tu me l'apporteras aussitôt.
Grisette prend la feuille et escalade la colline pour faire sécher la feuille-silhouette au clair de lune. Lorsqu'elle revient, elle se dit que tout cela n'est pas très difficile.
- Bien, déclare le Maître des Ombres, tu as fait le plus facile, main-

tenant ce qu'il te reste à accomplir est très délicat.
Grisette s'assied près du Maître des Ombres et attend ses explications pour la deuxième moitié du travail.
- As-tu vu ma caverne en arrivant ?
- Oui, nous sommes passées juste devant.
- Bon, très bien, alors tu vas y aller, Missy ira avec toi cette fois, tu chercheras dans la grotte une très

grande jarre remplie de poudre noire. Tu en prendras un peu et tu frotteras la silhouette de feuille avec cette substance magique qui a la propriété de transformer les feuilles en vraies ombres, sous certaines conditions. Tu devras donc frotter cette silhouette toute la nuit avec la poudre autant d'un côté que de l'autre, ne t'arrête surtout pas, sinon la feuille resterait une feuille ordinaire. Tu as bien compris ?
- Oui, Maître des Ombres, je suivrai vos instructions à la lettre.
Grisette se lève et s'apprête à sauter du rocher avec Missy. Mais le vieux bonhomme la rappelle.
- Alors ! Attends au moins la suite des explications, sinon tu n'y arriveras jamais, bougonne-t-il.
- Il y a encore autre chose à faire ? questionne Grisette.

- Mais oui, je t'ai déjà dit que le plus délicat restait à faire. Ecoute maintenant attentivement ; lorsque tu verras que la nuit se dissipe, sors très vite de la grotte avec Missy ; attention, j'insiste, elle ne doit pas te quitter un seul instant. Vous irez sur la colline où tu as fait sécher la feuille au clair de lune. Tu poseras la feuille à terre derrière Missy qui devra prendre exactement la même position que la silhouette. Cela doit être exécuté au moment exact où le premier rayon du soleil se posera sur Missy. C'est lui et lui seul qui a le pouvoir, en touchant la poudre magique, de transformer la silhouette en vraie ombre. Attention, Grisette, n'attends surtout pas le deuxième rayon, car lui n'a aucun pouvoir, et la magie n'aurait pas lieu. Allez, maintenant partez toutes les deux.

Grisette et Missy s'éloignent en entendant le magicien crier :
- N'oublie pas, Grisette, le premier rayon de soleil !
Lorsqu'elles arrivent à la grotte, Missy refuse d'entrer, elle a bien trop peur du noir. Grisette est obligée de se fâcher pour la faire avancer, mais à peine ont-elles fait un pas à l'intérieur que toute la grotte s'illumine.
- Oh ! font-elles en chœur, comme c'est joli !
La lumière semble venir de nulle part, elle a un reflet rose et crée sur les objets des teintes merveilleuses. Tout semble irréel.
- Tu vois, tu n'auras plus à avoir peur, il y a assez de lumière ; de plus, je crois qu'il s'agit d'un éclairage magique ; as-tu remarqué, il se met en route tout seul lorsqu'on pénètre dans la grotte.

N'obtenant pas de réponse, Grisette regarde autour d'elle et découvre Missy déjà endormie dans le fauteuil à bascule qui la berce doucement. Dans la grotte du vieux bonhomme, tout est magique. La grande jarre pleine de poudre magique s'inscline seule, et la grande cuillère accrochée au mur se déplace seule, venant prendre dans le récipient la quantité nécessaire de

poudre magique, qui est déposée devant Grisette.
Elle est ébahie, jamais elle n'a rien vu de semblable ; puis revenant de sa surprise, elle prend sur sa patte un peu de poudre magique et commence à frotter énergiquement la feuille d'un côté, puis de l'autre, répétant cette opération toute la nuit.

Chapitre XV

MISSY PRÉFÈRE LES OMBRES ROSES !

Lorsqu'elle voit poindre à l'horizon une petite lueur qui annonce l'aube, elle se dépêche de réveiller Missy. Elles quittent alors très vite la grotte qui s'éteint aussitôt et se dirigent dans une course folle vers le sommet de la colline. Vite, vite, avant que le soleil se lève.

- Nous devons absolument arriver avant le soleil, crie Grisette à Missy, attardée.
Enfin, elles arrivent et Grisette fait prendre à sa fille la même position que la silhouette, et lui recommande de ne pas bouger. Le premier rayon de soleil, d'abord tout petit, d'un seul coup illumine le ciel et se pose sur Missy, immobile. Ouf, juste à temps.

- Tu peux bouger, dit Grisette à sa fille, voyant apparaître les rayons suivants, puis enfin le soleil.
- Maman, maman, regarde, tu as réussi, mon ombre est bien collée après moi, par les pattes, et elle fait tout ce que je fais.
- C'est normal, toutes les ombres se comportent ainsi ; regarde la mienne, elle marche en même temps que moi.
Missy se met à courir, tournant sur elle-même, elle essaie d'attraper son ombre.
- Maman, regarde, elle ne veut pas se laisser attraper, le Maître des Ombres m'a donné une ombre qui n'est pas sage du tout. Pourrions-nous revenir la nuit prochaine pour la changer. J'aimerais lui demander qu'il m'en fabrique une autre de la même couleur que la lumière de la grotte.

Grisette éclate de rire.
- Tu crois qu'on a pas eu assez de mal à réaliser celle-ci ? Les ombres sont toutes de la même couleur, tu sais bien que le Maître des Ombres les fabrique avec du noir de la nuit. Et puis, si tu veux vraiment que ton ombre soit sage, tu dois l'être aussi, car elle fait les mêmes choses que toi, même les bêtises.
Elles redescendent maintenant la colline, afin d'aller remercier de son aide, le magicien de la nuit. Il les attend devant l'entrée de la grotte.
- Alors, Grisette, tu as bien travaillé, à ce que je vois.
- Oui, mais tout cela, c'est quand même grâce à vous, et je vous en remercie du fond du cœur. Je suis très heureuse et Missy aussi, malgré un petit détail : elle aurait préféré une ombre rose, ajoute-t-elle en riant.

Le Maître des Ombres part d'un grand éclat de rire ; Missy, vexée que l'on se moque d'elle, s'éloigne de quelques pas, mais sa mère la rappelle.

- Viens ici, dire au revoir et merci.

Missy s'exécute, et les adieux terminés, elles se remettent en route. Il fait beau, Missy et Grisette sont heureuses, mais bien fatiguées.

- Allez, en route, et n'oublions pas nos ombres !

Elles s'éloignent sur la route en riant de bon cœur.

Table des matières

Loi 49-956 du 16 juillet 1949 sur les Publications
destinées à la Jeunesse
Dépôt légal 1er trimestre 1994 - Imp. n° 2 113
ISBN 2-7372-7185-1 Imprimé en C.E.E.

Diffusion exclusive en Belgique et
au Luxembourg pour la langue française :
Daphné Diffusion à Gent.

Diffusion exclusive pour le Canada :
Edipresse Montréal.